CB048872

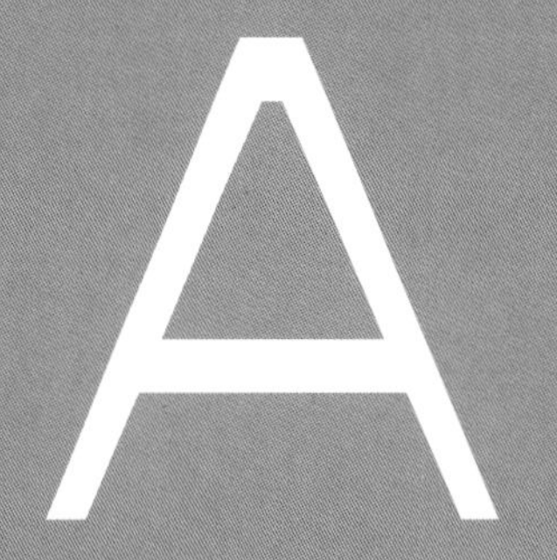

BRASIL *visto do*

L

T

BRAZIL *seen from the air*

Ministério do Turismo.
Prefeitura da Cidade do Rio de Janeiro,
Secretaria Municipal de Cultura, apresentam

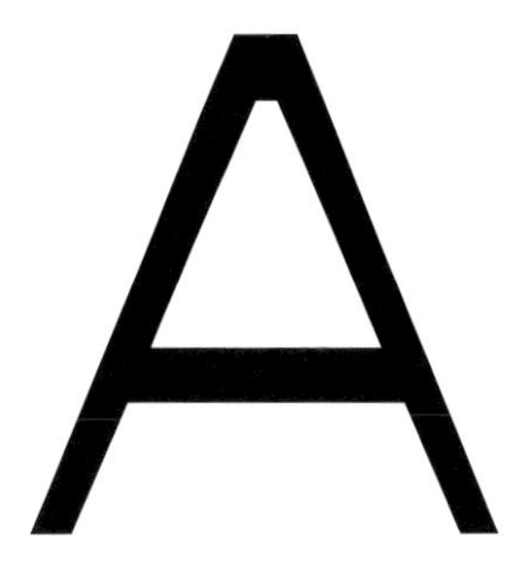

BRASIL *visto do* ALTO

Camila
Santana

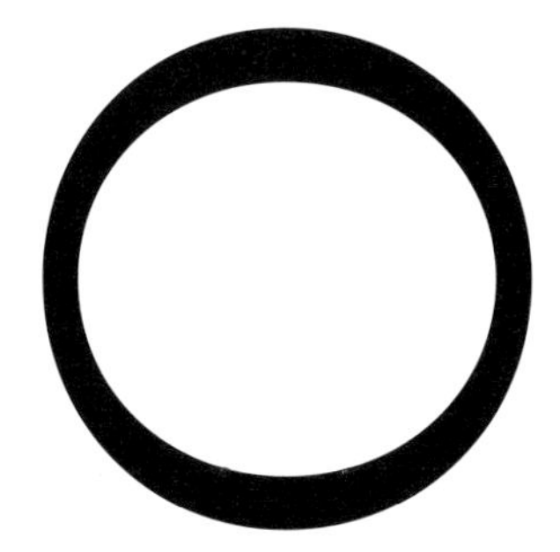

artensaio

In
tro
du
ção

A COUNTRY FULL OF CHARMS

Beaches, forests, canyons, waterfalls, peaks, tablelands, islands, mangroves, mountain ranges, rivers and a diversity of vegetation and topographies which few countries worldwide can match, that's Brazil—replete with places where nature reveals all its power and splendor in a veritable feast for the eyes.Breathtaking options are in ample supply, and it's a hard task picking and choosing from such an abundance of unmissable attractions. Chapada Diamantina or Chapada das Mesas? The Solimões River or the São Francisco? The Amazon Rainforest or the Pantanal Wetlands? How about Carneiros Beach, or maybe the Saltflats of Maragogi? Roraima Mount or the Rio Castro Mountain Range? Ilhabela or Camburi? The Caves of Peruaçu or the rain lakes of Lençóis Maranhenses? Whichever you choose, one thing is for sure: whoever decides to delve into the natural bounties of Brazil becomes a collector of unforgettable memories. For those who can't go without that big-city rush, Brazil's metropolises have a wealth of charms and positively fizzle with energy. Just try São Paulo and Rio de Janeiro! In the pages that follow, this pulsating heterogeneity comes to the fore in aerial views of the most marvelous gems in the nation's five regions. Before anything else, let me just say that Brazil is even more beautiful when seen from above. So turn the page and see if you agree!

Camila Santana

UM PAÍS CHEIO DE ENCANTOS

Praias, florestas, cânions, quedas d'agua, montanhas, chapadas, ilhas, manguezais, serras, rios e uma diversidade de vegetação e topografia que poucos países do mundo possuem. Esse é o Brasil, repleto de lugares em que a natureza mostra toda sua potência e seu esplendor, um verdadeiro deleite para os olhos. Opções de tirar o fôlego não faltam. Tarefa difícil é escolher este ou aquele lugar dentre tantos imperdíveis. Chapada Diamantina ou Chapada das Mesas? Rio Solimões ou Rio São Francisco? Floresta Amazônica ou Pantanal? Praia dos Carneiros ou Salinas de Maragogi? Monte Roraima ou Serra do Rio Castro? Ilhabela ou Praia de Camburi? Cavernas do Peruaçu ou Lençóis Maranhenses? Seja qual for a opção, uma coisa é certa: quem decide viver a experiência de conhecer as belezas naturais brasileiras se torna um colecionador de memórias inesquecíveis. Para aqueles que não abrem mão do frenesi cosmopolita, é bom lembrar que as metrópoles brasileiras também têm seus encantos e são pura efervescência, vide São Paulo e Rio de Janeiro! Nas páginas a seguir, essa heterogeneidade tão pulsante ganha protagonismo a partir de imagens aéreas de recantos maravilhosos das cinco regiões do país. De antemão, não é exagero algum afirmar: o Brasil visto do alto é ainda mais bonito. Vire a página e veja se concorda comigo!

CAMILA SANTANA

NOR
TE 12

CEN
TRO-
-OES
TE 86

SU
DES
TE138

N
o
r
t

visto do ALTO

e

NORTH

STATES: Acre, Amapá, Amazonas, Pará, Rondônia, Roraima and Tocantins.

TERRITORY: 3,853,676.95 km² or 42.27% of the country.

When we think of the North, the first place that springs to mind is the Amazon Rainforest. Undeniably, it's the most iconic feature of Brazil's largest region. Famous worldwide for its biodiversity and exuberant nature, the Amazon is considered the world's largest tropical forest—and 60% of it lies within Brazilian territory.

Yet the Northern charms go way beyond the Rainforest! In Pará, the hamlet of Alter do Chão, part of Santarém, is a standout, with its smattering of islets and white sandy beaches that emerge when the Tapajós River is low.

Situated at the triple border between Brazil, Venezuela and Guiana, Roraima Mount calls attention for its stunning beauty and rock formations: rising over 2,700 meters tall, it's one of the highest elevations in the nation.

The Meeting of the Waters is another of the region's spectacles. This phenomenon occurs where the tannin-rich Negro River meets the milky, silted flow of the Solimões and the pair run together side-by-side for six kilometers before finally mixing.

In Amapá, not far from the town of Oiapoque, the Cape Orange National Park houses an important variety of ecosystems, with a mix of mangroves and floodplains home to the scarlet ibis, roseate spoonbill, jaguar, cougar, and Amazonian manatee.

NORTE

ESTADOS: Acre, Amapá, Amazonas, Pará, Rondônia, Roraima e Tocantins.
TERRITÓRIO: 3.853.676,948 km² ou 42,27% do país.

Quando pensamos na Região Norte, o primeiro local que vem à nossa mente é a Floresta Amazônica. Sem dúvida, ela é o grande ícone da mais extensa região do Brasil. Famosa mundialmente pela biodiversidade e pela natureza exuberante, é considerada a maior floresta tropical do mundo – e o Brasil possui 60% de seu território.

Mas os encantos da Região Norte não se resumem à Amazônia! No Pará, a vila de Alter do Chão, que faz parte do município de Santarém, é destaque por reunir inúmeras ilhas e prainhas de areia branca que se formam no período da vazante do Rio Tapajós.

Localizado na tríplice fronteira entre Brasil, Venezuela e Guiana, o Monte Roraima chama atenção pela beleza e por suas formações: a mais de 2.700 metros de altitude, é um dos pontos mais elevados do país.

O Encontro das Águas é outro espetáculo da região que merece menção. É um fenômeno que acontece na confluência entre o rio Negro, de água preta, e o rio Solimões, de água barrenta, em que as águas dos dois rios correm lado a lado sem se misturar por mais de seis quilômetros.

Já no Amapá, próximo à cidade de Oiapoque, o Parque Nacional do Cabo Orange abriga importante variedade de ecossistemas. Por lá, a paisagem mistura mangues, campos de várzea e animais típicos da região como o guará, o colhereiro, a onça-pintada, a suçuarana e o peixe-boi amazônico.

JUMA

Nor
des
te

visto do ALTO

NOR TH EAST

STATES: Alagoas, Bahia, Ceará, Maranhão, Paraíba, Piauí, Pernambuco, Rio Grande do Norte and Sergipe.
TERRITORY: 1,554,291.61 km2 or 18.27% of the country.

The Northeast lives in the imaginations of all those who nurture a passion for Brazil's coastal beauties. And it's hardly surprising, what with its mix of sandspits, dune-fields, lagoons, coconut tree-lined shores and mangroves. The result, of course, is an abundance of the most stunning beaches, state after state.

Two standouts are in Alagoas: Maragogi, home to some of the most famous natural swimming pools in the country, and São Miguel dos Milagres, a village that boasts a string of wild and charming beaches.

Though known for its exceptional coastline, the Northeast's beauty assumes other guises too. The Chapada Diamantina National Park, located in the heart of Bahia state, is a perfect example. Among its iconic attractions are Barbado Peak, standing 2,033 meters tall, the highest point in the region, and Pai Inácio Mountain, Diamantina's most famous landmark.

The Lençóis Maranhenses are further proof that the Northeast was truly blessed by God when it came to natural beauties. With its desert-scape of rambling white dunes and seasonal rain lakes, such as the Lagoa Azul (Blue Lagoon) and Lagoa Bonita (Beautiful Lagoon), it's one of the most cherished attractions in all of Brazil.

NOR DES TE

ESTADOS: Alagoas, Bahia, Ceará, Maranhão, Paraíba, Piauí, Pernambuco, Rio Grande do Norte e Sergipe.
TERRITÓRIO: 1.554.291,607 km^2 ou 18,27% do país.

A Região Nordeste faz parte do imaginário de todos aqueles que são apaixonados pelas belezas litorâneas do Brasil. Não é para menos: restingas, dunas, lagoas, coqueiros e mangues se intercalam ao longo da costa nordestina e o resultado são praias deslumbrantes em todos os estados da região.

Duas dessas belezas estão situadas em Alagoas. Maragogi, que abriga algumas das piscinas naturais mais famosas do país, e São Miguel dos Milagres, vila que possui um conjunto de praias encantadoras e selvagens.

Apesar de ser reconhecida por seu litoral privilegiado, a natureza do Nordeste também pulsa de outras maneiras. O Parque Nacional da Chapada Diamantina, situado no centro do estado da Bahia, é um ótimo exemplo. Entre suas atrações icônicas estão o Pico do Barbado, com 2.033 metros, considerado o de maior altitude da região, e o Morro do Pai Inácio, o grande cartão-postal da Diamantina.

Os Lençóis Maranhenses também são outra prova de que o Nordeste foi mesmo abençoado por Deus no quesito belezas naturais. Com uma paisagem desértica de grandes dunas brancas que recebem lagoas sazonais de água da chuva, como a Lagoa Azul e a Lagoa Bonita, é um dos lugares mais admirados do Brasil.

Cen
tro-
Oes
te

visto do ALTO

MID WEST

STATES: Goiás, Mato Grosso and Mato Grosso do Sul, plus the Federal District.
TERRITORY: 1,606,399.51 km² or 18.86 % of the country.

Tucked away in the Midwest is one of Brazil's treasures: the Pantanal wetlands. Alive with colors, sounds and aromas, the biome is a veritable ecological sanctuary straddling the northeast of Mato Grosso do Sul and the south of Mato Grosso. The Pantanal is thought to house some 650 species of bird and over 1,100 species of butterfly, as well as hundreds of types of mammal, fish and reptile. The vegetation is also extremely unique, as it reveals the direct influence of three important Brazilian biomes: the Amazon, Cerrado (Brazilian savanna) and Atlantic Forest.

The midwest is privileged to possess two of the most remarkable tablelands in the nation, shaped by millions of years of climate change and erosion: the Chapada dos Veadeiros, in Goiás (considered one of the oldest on the planet), and the Chapada dos Guimarães, in Mato Grosso. Without doubt, whoever chooses either of these as their destination will be met with dazzling time-carved landscapes, impressive waterfalls and a profusion of fauna and flora.

Another jewel in the region's crown is Bonito, the most aptly-named town in all of Mato Grosso. The location has become an ecotourism hotspot thanks to its crystalline rivers brimming with colorful fish, its waterfalls and grottos, caves, sinkholes and wildlife.

CEN TRO-
-OES TE

ESTADOS: Goiás, Mato Grosso e Mato Grosso do Sul, além do Distrito Federal.
TERRITÓRIO: 1.606.399.509 km² ou 18,86 % do país.

A Região Centro-oeste guarda um dos grandes tesouros do país: o Pantanal. Repleto de cores, barulhos e aromas, o local é um verdadeiro santuário ecológico situado no sul de Mato Grosso e no noroeste de Mato Grosso do Sul. Estima-se que o Pantanal abrigue mais de 650 espécies de aves e mais de 1.100 espécies de borboletas, além de centenas de mamíferos, peixes e répteis. A vegetação também é bastante peculiar, já que sofre influência direta de três importantes biomas brasileiros: Amazônia, Cerrado e Mata Atlântica.

O centro do Brasil também tem o privilégio de ter duas das chapadas mais admiradas do país: a Chapada dos Veadeiros, no estado de Goiás, e a Chapada dos Guimarães, no Mato Grosso. Ambas têm formações rochosas que foram expostas a alterações climáticas e erosão constante por milhões de anos. A dos Veadeiros, inclusive, é considerada uma das mais antigas do planeta. Sem dúvida, quem escolhe esses destinos para conhecer é presenteado com paisagens deslumbrantes moldadas pelo tempo, cachoeiras impressionantes e todo esplendor da fauna e flora.

Outra joia da região é Bonito, cidade mato-grossense que não poderia ter recebido nome mais apropriado. O local se tornou um polo do ecoturismo devido aos seus rios de águas repletas de peixes coloridos, suas cachoeiras, grutas, cavernas, dolinas e animais silvestres.

S

visto do ALTO

SOUTH

STATES: Paraná, Santa Catarina and Rio Grande do Sul.

TERRITORY: 576,774.31 km² or 6.76% of the country.

Formed by an onslaught of waters fed by the unusual confluence of a river and a canyon, the Iguaçu Falls are an unrivaled spectacle of nature and one of the most emblematic picture-postcards of the South (and indeed Brazil!). However, the pride of ownership is not Brazil's alone, as the nigh-300 falls straddle the border with Argentina.

For the aficionado in valleys and mountains, the region offers a wealth of stunning local spots, such as Espraiado Canyon, with its thousand-meter cliffs and gorgeous waterfalls, and São Joaquim National Park, which displays volcanic-rock formations that stretch back 133 million years. Both sites are located near Urubici, in Santa Catarina. The Gaúcha Mountain Range, for its part, also presents the visitor with surprising landscapes. It's impossible not to be knocked out by the beauty of Caracol Waterfall in Canela, with its 131-meter cascade!

When it comes to coastline, the three Southern states have beaches to please sand-and-surf junkies of all tastes. Florianópolis, the capital of Santa Catarina, is one of the most famous given its combination of preserved nature and big-city allure. Floripa, as it's known, is actually spread over the island of Santa Catarina, several other islets, and part of the mainland.

SUL

ESTADOS: Paraná, Santa Catarina e Rio Grande do Sul.
TERRITÓRIO: 576.774.310 km² ou 6,76% do país.

Formada por um turbilhão de águas que transbordam a partir do inusitado encontro entre rio e cânion, as Cataratas do Iguaçu são um inigualável espetáculo da natureza e um dos cartões-postais mais emblemáticos da Região Sul (e do Brasil!). O orgulho de tê-las não é só brasileiro, uma vez que as quase 300 quedas d'água se localizam em parte fronteiriça do rio Iguaçu entre Brasil e Argentina.

Para os aficionados por vales e montanhas, a região abriga locais deslumbrantes como o Cânion do Espraiado, com paredões de até mil metros de altura e lindas cachoeiras, e o Parque Nacional de São Joaquim, com sua formação geológica de cerca de 133 milhões de anos composta de rochas vulcânicas – ambos situados na cidade catarinense de Urubici. A Serra Gaúcha, por sua vez, também nos presenteia com paisagens surpreendentes. Impossível ficar incólume à beleza da Cascata do Caracol, em Canela, e sua queda d'água de 131 metros de altura!

No quesito litoral, os três estados sulistas possuem praias capazes de agradar veranistas de gostos distintos. Florianópolis, capital de Santa Catarina, é um dos balneários mais famosos por combinar natureza preservada com estrutura de cidade grande. Floripa, na verdade, é composta pela ilha de Santa Catarina, uma parte continental e algumas pequenas ilhas.

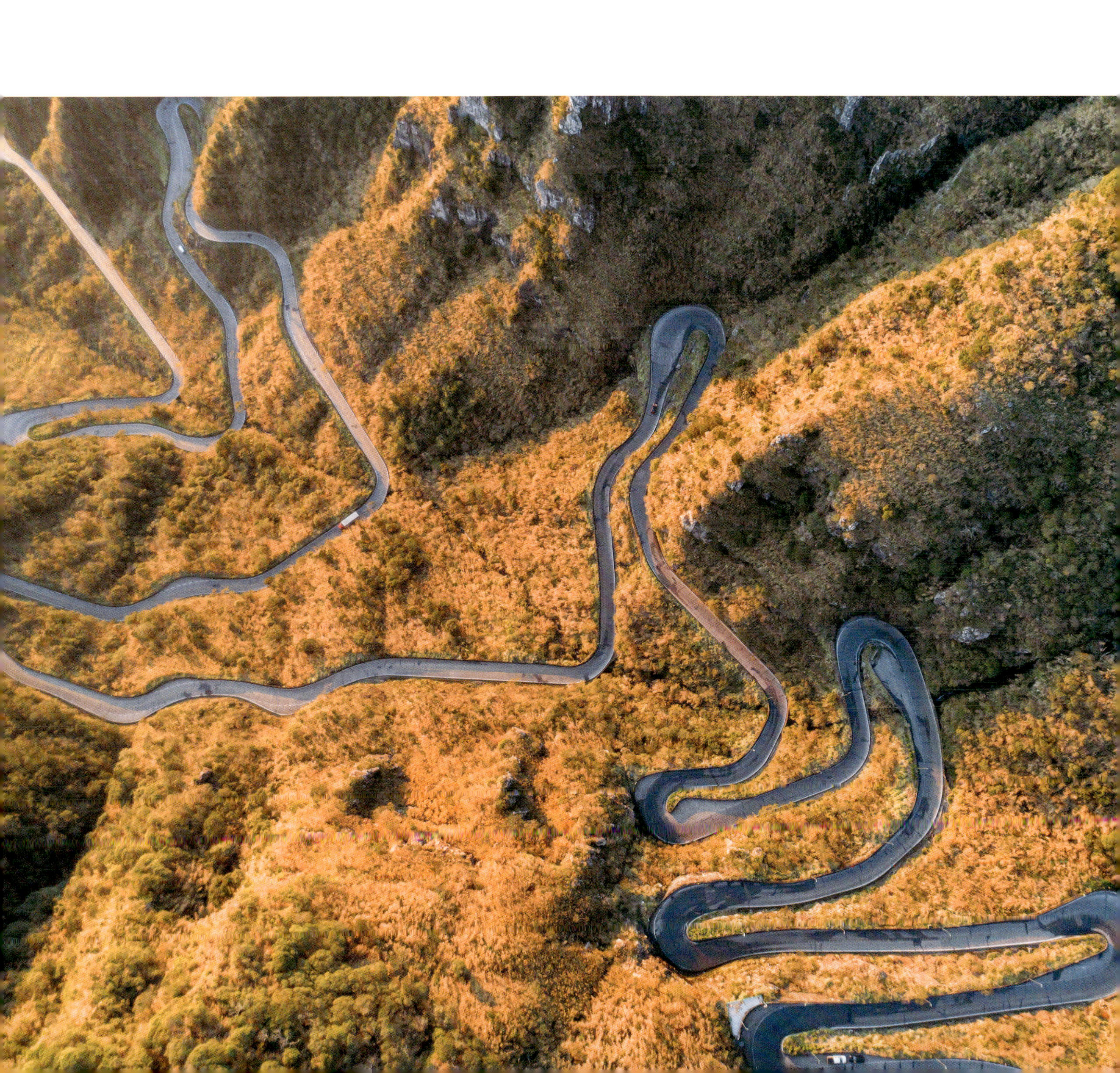

Su des te

visto do ALTO

SOUTH EAST

STATES: Espírito Santo, Minas Gerais, Rio de Janeiro and São Paulo.

TERRITORY: 924,511 km² or 12% of the country.

The most populous region of Brazil has its own share of natural beauties. Perched atop the Órgãos Mountains, the town of Teresópolis, Rio de Janeiro, enchants visitors with its mountainous landscape and pristine nature, as does Domingos Martins in Espírito Santo, home to the famous Pedra Azul (Blue Rock), a granite rock formation that rises from a forest reserve of the same name, studded with important granite and gneiss outcrops.

The region is also full of imposing metropolises. The city of Rio de Janeiro, for example, sports some of the most stunning urban landscapes on the planet, the perfect blend of nature and concrete. Then there's the megalopolis of São Paulo, where skyscrapers share the space with two inner-city rivers and homonymous freeways—the Pinheiros and Tietê.

Beaches? With the exception of landlocked Minas Gerais, the region prides itself on its tremendous coastline, end-to-end. Who could resist the many charms of Ilhabela, for example?

Speaking of Minas Gerais, the majestic Serra da Canastra National Park, with its impressive mountain faces, manifold waterfalls and natural swimming pools, dazzles for its unrivaled scenic beauty.

SU DES TE

ESTADOS: Espírito Santo, Minas Gerais, Rio de Janeiro e São Paulo.

TERRITÓRIO: 924.511 km² ou 12% do país.

Na região mais populosa do Brasil não faltam lugares em que as belezas naturais se fazem presentes. Localizada no topo da Serra dos Órgãos, a cidade fluminense de Teresópolis encanta visitantes com suas inúmeras montanhas e vegetação preservada, assim como Domingos Martins, no Espírito Santo, que tem como principal cartão postal a formação rochosa Pedra Azul, situada na reserva florestal de mesmo nome que abriga importantes afloramentos de granito e gnaisse.

Também não faltam metrópoles imponentes na região. A cidade do Rio de Janeiro, por exemplo, possui uma das paisagens urbanas mais belas do planeta. Por lá, natureza e concreto convivem lado a lado. Já em São Paulo, arranha-céus dividem espaço com dois rios que cortam a cidade: o Pinheiros e o Tietê que, inclusive, dão nome a duas vias expressas da megacidade.

Praias? Com exceção do estado de Minas Gerais, que não é banhado pelo mar, a região é dona de um litoral que faz bonito de ponta a ponta. Como não se impressionar com Ilhabela?

E por falar em Minas Gerais, é preciso reverenciar a magnitude do Parque Nacional da Serra da Canastra, que com seus grandes paredões de rocha, inúmeras cachoeiras e piscinas naturais possui uma beleza cênica ímpar.

1 2 4 5 6 7

Le
gen
das

Chapada dos Veadeiros - Alto Paraíso, GO

NORTE

Rio Juma - Autanazes, AM

Floresta Amazônica - Manaus, AM

Floresta Amazônica - Careiro, AM

Floresta Amazônica - Marechal Thaumaturgo, AC

Floresta Amazônica - Jaru, RO

Rio Negro e Solimões - Manaus, AM

Lago Bonome - Amapá, AP

Alter do Chão - Santarém, PA

Rio Juma - Autanazes, AM

Floresta Amazônica - Jaru, RO

Ilha de Maracá - AP

Cabo Orange - Amapá, AP

Boa Vista, RO

Rio Branco - Boa Vista, RR

Monte Roraima - Roraima, RR

Floresta Amazônica - Rio Branco, AC

Rio Anauá - Caracaraí, RR

Rodovia Transamazônica - Apuí, AM

NOR DES TE

Lago de Taparica - Glória, BA

Chapada Diamantina - Mucugê, BA

Canudos, BA

Chapada Diamantina - Mucugê, BA

Chapada Diamantina - Morro do Chapéu, BA

Parque Nacional da Serra das Confusões - Caracol, PI

Parque Nacional da Serra da Capivara - São Raimundo Nonato, PI

Canudos, BA

Chapada das Mesas - MA

Parque Nacional da Serra da Capivara - São Raimundo Nonato, PI

Praia dos Carneiros - Tamandaré, PE

Costa dos Corais - São Miguel dos Milagres, AL

Foz do Rio São Francisco - Piaçabuçu, AL

Praia de Tamandaré - Tamandaré, PE

Rio São Francisco - Piranhas, AL

Ponta Negra - Natal, RN

Morro Branco - Beberibe, CE

João Pessoa, PA

Cânion do Xingó, Rio São Francisco - Delmiro Gouveia, AL

Areia Vermelha - Cabedelo, PB

Cangaço Eco Parque - Poço Redondo, SE

Cânion do Xingó, Rio São Francisco - Delmiro Gouveia, AL

Cânion do Xingó, Rio São Francisco - Delmiro Gouveia, AL

Lençóis Maranhenses - Barreirinhas, MA

Lençóis Maranhenses - Barreirinhas, MA

Lençóis Maranhenses - Barreirinhas, MA

Ponte D. Pedro II, Rio São Francisco, Paulo Afonso, BA

CEN TRO- -OES TE

Chapada dos Veadeiros - Alto Paraíso de Goiás, GO

Chapada dos Guimarães - MT

Serra do Roncador - MT

Chapada dos Guimarães - MT

Bonito, MS

Bonito, MS

Bonito, MS

Pantanal de Nhecolândia - Corumbá-MS

Pantanal de Paiaguás - Corumbá-MS

Pantanal de Nhecolândia - Corumbá-MS

Parque Nacional de Brasília - DF

Pantanal de Poconé - Poconé, MT

Jalapão, Mateiros - TO

Chapada dos Veadeiros - Alto Paraíso de Goiás, GO

Parque Nacional de Brasília - DF

Chapada dos Veadeiros - Alto Paraíso de Goiás, GO

Terra Ronca - GO

SUL

Bom Jardim da Serra - SC

Bom Jardim da Serra - SC

Parque Nacional de São Joaquim - Urubici, SC

Bom Jardim da Serra - SC

Cascata do Caracol - Canela, RS

Bom Jardim da Serra - SC

Parque Nacional de São Joaquim - Urubici, SC

Parque Nacional de São Joaquim - Urubici, SC

Cataratas do Iguaçú - Foz do Iguaçú, PR

Florianópolis, SC

Cânion do Itaimbezinho, Parque Nacional de Aparados da Serra - RS

Cataratas do Iguaçú - Foz do Iguaçú, PR

SU DES TE

Parque Nacional da Serra dos Órgãos - Teresópolis, RJ

Rio de Janeiro, RJ

Rio de Janeiro, RJ

Parque Nacional da Serra dos Órgãos - Teresópolis, RJ

Pedra da Gávea - Rio de Janeiro, RJ

Pedra Azul - Domingos Martins, ES

Parque Nacional Cavernas do Peruaçu - Januária, MG

Rio de Janeiro, RJ

Rio de Janeiro, RJ

Parque Nacional da Serra da Canastra - Delfinópolis, MG

São Paulo, SP

Ilhabela, SP

Parque Nacional Cavernas do Peruaçu - Januária, MG

Parque Nacional da Serra do Cipó - Santana do Riacho, MG

Marginal Pinheiros - São Paulo, SP

São Paulo, SP

Corcovado - Rio de Janeiro, RJ

FI CHA TÉC NICA

Coordenação Editorial
Editorial Cordination
Arte Ensaio Editora

Fotografias
Photographs
André Dib
Daniel Ducci
Istock
Shutterstock
Unsplash

Texto
Text
Camila Santana

Projeto Gráfico
Graphic Design
Felipe Luchi

Tratamento de Imagem
Image Manipulation
Pato Vargas

Designer
Design
Carolina Aranha

Revisão de Texto
Revision
Lucia Seixas

Realização
Achievement
PP Cultural

Versão para o inglês
English Translation
Anthony Doyle

Impressão e Acabamento
Printing and Binding
Ipsis

André Dib
6; 12; 16; 18; 19; 20; 22; 23; 24; 28; 30; 31; 32; 34; 35; 36; 38; 41; 44; 48; 50; 51; 54; 56; 57; 58; 59; 60; 62; 64; 65; 72; 74; 75; 76; 78; 79; 80; 83; 86; 90; 92; 93; 94; 96; 97; 98; 100; 101; 102; 106; 107; 108; 110; 113; 116; 120; 122; 123; 124; 126; 138; 144; 152; 156; 157; 158; 168.

Daniel Ducci
163

Istock
70 *(Cacio Murilo de Vasconcelos)*; 71 *(ClilsonJr)*; 131 *(Global_Pics)*; 132 *(NidoHuebl)*; 160 *(Felipe Lima)*; 162 *(Ildo Frazao)*.

Shutterstock
26 *(Exclusive Aerials)*; 146 *(Eduardo Menezes)*; 154 *(windwalk)*.

Unsplash
52 *(Matheus Seiji Goto)*; 66 *(Pedro Menezes)*; 68 *(Pedro Henrique Santos)*; 104 *(João Luccas Oliveira)*; 128 *(Beatriz Beltrame)*; 130 *(Jonathan Borba)*; 135 *(Felipe Blanski)*; 142 *(Agustin Diaz Gargiulo)*; 145 *(Noah Cellura)*; 148 *(Jônatas Tinoco)*; 149 *(Gabriel Rissi)*; 150, 165 *(Raphael Nogueira)*.

Dados Internacionais de Catalogação na Publicação (CIP)
(eDOC BRASIL, Belo Horizonte/MG)

Santana, Camila.

S232b Brasil visto do alto / Camila Santana. – Rio de Janeiro, RJ: Arte Ensaio, 2021.

176 p. : 23 x 28 cm

ISBN 978-65-87141-13-8

1. Brasil – Fotografia aérea. 2. Fotografia artística. 3. Brasil – Paisagens. I. Título.

CDD 779

Elaborado por Maurício Amormino Júnior – CRB6/2422

Criada em 2013, a lei de incentivo à cultura da cidade do Rio de Janeiro é o maior mecanismo de incentivo municipal do país em volume de recursos. No ano de 2021, atualizamos os procedimentos para torná-la ainda mais democrática e mais simplificada. O Rio de Janeiro possui uma produção cultural diversa e que é decisiva para o seu desenvolvimento e para o bem-estar da população. Nossa lei, carinhosamente apelidada de Lei do ISS, é um mecanismo de fomento que busca estimular o encontro da produção cultural com a população.

Secretaria Municipal de Cultura do Rio de Janeiro

CULTURA